AF187029

Ulrich Kulicke
DIE ODYSSEE

eine Neugestaltung
in Gedichtform

Ulrich Kulicke: Die Odyssee –
eine Neugestaltung in Gedichtform
mit Illustrationen von Markis

Stade, im Juli 2019

Inhaltsverzeichnis

Bibliografische Information der Deutschen
Nationalbibliothek:
Die Deutsche Nationalbibliothek verzeichnet diese
Publikation in der Deutschen Nationalbibliografie;
detaillierte bibliografische Daten sind im Internet
über http://dnb.dnb.de abrufbar.

© 2019 Ulrich Kulicke

Herstellung und Verlag: BoD – Books on Demand,
Norderstedt

ISBN: 9783749431533

Prolog

i.   Homer, der Dichter, ist bekannt.
Er lebte einst in Griechenland.
Doch wann das war, weiß man nicht mehr,
man weiß das nur so ungefähr:
800 Jahr' vor Christi Zeit
war's wohl – welch eine Ewigkeit
liegt das zurück! Doch sind indessen
die Werke von ihm unvergessen.

Sie waren einst von ihm versprochen[1],
und dieses Wort wurd' nicht gebrochen,
er stand zu ihm. So schrieb er auf,
was einst geschah: den Zeitenlauf,
berichtete von großen Kriegen,
von großem Leid und großen Siegen.
Die Sagen sind bis heute hin
für jeden Leser ein Gewinn.
Sie wirken nach aus alter Zeit,
erlangen so Bedeutsamkeit
und sind als Spiegel frühen Lebens
ein Zeugnis allen Menschenstrebens,
sind literarisch erste Wahl,
kurzum: Sie sind fundamental!

[1] Der Name ‚Homer' bedeutet Versprechen.

ii. Homer gibt's auch in andrer Form:
     Als Comic-Held wirkt er enorm.
     Doch kann man den als Dichter streichen,
     mit jenem Griechen nicht vergleichen –
     der Unterschied ist wahrlich groß,
     und darum heißt der ‚H<u>o</u>mer'[1] bloß.

[1] Wer kennt ihn nicht: Homer Simpson?

iii. Der große Dichter unterdessen
bleibt einfach deshalb unvergessen,
weil er mit großer Kunst erzählte,
den Perspektivenwechsel wählte,
die Handlung stilvoll strukturierte,
Rückblenden etwa generierte
und damit auf brillante Weise
ein Werk schuf von Odysseus' Reise.

iv. Auch zeigte er dabei geschickt,
wie kompliziert und wie verzwickt
die Götterwelt geartet war,
hierarchisiert und sonderbar:
mit Zeus, Poseidon und zugleich
mit Hades in dem Totenreich.
Die Brüder herrschten launenhaft,
willkürlich und mit großer Macht
und wollten viele Opfergaben
beständig von den Menschen haben.

v. Zudem beeindruckt jeden sehr,
wie lang der Text ist. Denn Homer
schrieb daran jahrelang und länger,
trug seinen Text vor als ein Sänger
und unterhielt gekonnt, probat
das Publikum im Königsstaat.
Drum wurd' der Text auch fortgesponnen
und Episoden neu ersonnen:
Sie fesselten und schlugen dann
die Hörerschaft in ihren Bann.
So wuchs das Werk ins Riesenhafte,
was der Homer nur deshalb schaffte,

weil er die Teile so verband,
dass ein Gesamttext dann entstand:
Zwölftausend Zeilen und noch mehr
schrieb in der Summe der Homer
und schuf damit ein Monument,
das man bis heute deshalb kennt.

vi. So nimm dir Zeit und schau mal hin
auf seinen Text, auf den Beginn.
Altgriechisch und im Hexameter
ist er geschrieben und so steht er.
Wenn du es kannst, ihn vorzulesen:
Wie stolz wär dann Homer gewesen!

Ἄνδρα μοι ἔννεπε, Μοῦσα, πολύτροπον, ὃς μάλα πολλὰ
πλάγχθη, ἐπεὶ Τροίης ἱερὸν πτολίεθρον ἔπερσε,
πολλῶν δ' ἀνθρώπων ἴδεν ἄστεα καὶ νόον ἔγνω,
πολλὰ δ' ὅ γ' ἐν πόντῳ πάθεν ἄλγεα ὃν κάτα θυμόν,...

vii. Und wie der Text klingt übersetzt,
das folgt sogleich und das kommt jetzt:
„Sage mir, Muse, die Taten des vielgewanderten
Mannes,
Welcher so weit geirrt, nach der heiligen Troja
Zerstörung,
Vieler Menschen Städte gesehn, und Sitte gelernt hat,
Und auf dem Meere so viel unnennbare Leiden
erduldet,
Seine Seele zu retten und seiner Freunde Zurückkunft.
Aber die Freunde rettet' er nicht, wie eifrig er
strebte..."

viii.	Der Übersetzer, ungelogen,
zählt zu den großen Philologen:
ein Anseh'n, das er gern genoss
als der Gelehrte Johann Voß.
Er lebte einst zu Goethes Zeit,
erforschte mit Beharrlichkeit
das Werk Homers in voller Länge
als Sprachgenie mit großer Strenge
und schuf die Odyssee alsbald
in einer deutschen Sprachgestalt.
Noch jung an Jahren war er da,
als dieses Werk vollendet war.
Und deshalb ist in diesem Land
der Johann Voß sehr gut bekannt.

ix. So geht die Irrfahrt nun gleich los,
mehr als ein Abenteuer bloß.
Sie zeigt die Welt, wie sie mal war,
sehr altertümlich und bizarr:
den Überlebenskampf der Mannen,
wie sie Gefahrenquellen bannen
und um das Leben kraftvoll ringen,
die Zeit auf hoher See verbringen,
vor allem wie die Götterwelt
nur das macht, was ihr selbst gefällt.
Abhängig ist der Mensch von ihr,
Odysseus demonstriert das hier
auf seiner Abenteuerreise
in einer eindrucksvollen Weise.

TEIL 1

Odysseus und die Situation an seinem Hof auf Ithaka

1. Odysseus

Es lebte einst auf Ithaka
Odysseus. Denn sein Hof lag da.
Und dieser war von reicher Pracht,
mit großer Üppigkeit bedacht.

Odysseus war schon von Natur
mit seiner stattlichen Figur
ein edler Mann, der führen konnte,
der sich in seinem Glücke sonnte
und sich beizeiten ohne Scham
Penelope zur Gattin nahm.

Sie schworen sich auf ewig Treue,
auf dass die Götter dies erfreue,
und liebten sich. Man glaubt es schon,
denn wenig später kam ihr Sohn,

der Telemach, ein liebes Kind,
so schön, wie auch die Eltern sind.
Doch währte ihr Familienglück
nur kurze Zeit. Denn das Geschick
erbrachte einen großen Krieg,
ein Hau'n und Stechen um den Sieg.
Um Troja wurde hart gerungen,

am Ende wurde es bezwungen
mit Tücke und mit großer List,
was man bis heute nicht vergisst.
Odysseus kämpfte jahrelang.
doch brachte ihm das keinen Dank.
Er wurde nach dem Krieg vertrieben,
war weit entfernt von seinen Lieben
und war gefangen bei der Nymphe –

Kalypso hatte alle Trümpfe
und hielt sie fest in ihrer Hand,
ließ ihn nicht fort aus ihrem Land.
Sie war total auf ihn versessen:
Er sollte Frau und Sohn vergessen!

2. Penelope

Penelope konnt' unterdessen
Odysseus keineswegs vergessen.
Er war so edel, herzensgut,
athletisch stark und voller Mut.
Ihm galt ihr Sinn auf Ithaka,
nur ihre Mägde war'n ihr nah.

Sie reagierte deshalb prüde
und wehrte rigoros und rüde

die vielen Freier ab, die kamen.
So gab es echte Männerdramen!
Denn viele, die sie da begehrten,
sie priesen und sie so verehrten,
die suchten das gemachte Bett,
dazu den ganzen Hof komplett.
Penelope war immerhin
für jeden Freier ein Gewinn:
begütert, reich und attraktiv!
So mühten sie sich intensiv.
Doch sie blieb ihrem Gatten treu
und wartete und wünschte scheu,
dass ihr Odysseus irgendwann
als Held und angetrauter Mann
zurückkehrt, heim nach Ithaka –
ach, wäre er doch endlich da!
Das hoffte sie mit viel Geduld,
blieb so moralisch ohne Schuld,
war kurzum einfach tugendhaft
und zeigte wahre Leidenschaft!

3. Telemachos

Telemach, Odysseus' Sohn,
hatte für die Freier Hohn,
fand sie einfach degoutant,
selbstgefällig, arrogant,

kritisierte ihr Benehmen,
diese sollten sich was schämen,
täglich zügellos zu prassen,
von der Mutter nicht zu lassen:
Das sei wirklich mies und schlecht,

klagte Telemach zu Recht.
Doch die Freier lachten nur,
pöbelten sogleich retour,
tranken Wein! Und gar nicht nüchtern
wirkten sie kein bisschen schüchtern,
waren vielmehr frech, verwegen,
zahlenmäßig überlegen.
Und man sah sie Hände reiben,
denn sie war'n nicht zu vertreiben.
Doch der Wunsch von Telemach
fand ein Ohr und wirkte nach:
Gott Athene sah die Not,
Hilfe senden ihr Gebot
und sie schickte Mentes hin,
dessen Worte machten Sinn,
wiesen Telemach den Weg
hin zur Küste, hin zum Steg.
Und mit Boot und Proviant
brach er auf zum fernen Land,
ließ sich von den Winden führen,
um den Vater aufzuspüren.
Hoffentlich war er lebendig,
dachte Telemach inständig.
Darum suchte er beharrlich.
Höchstes Lob verdient er wahrlich.
Vorbildhaft, das ist er schon –
ein Modell für einen Sohn!

4. Die Suche nach dem Vater

Und der Wind trug ihn weithin
bis nach Pylos immerhin.
Dort traf er den Nestor an,
diesen äußerst klugen Mann,
der zudem von vielem wusste,
wer vor allem sterben musste.
Wo Odysseus aber war,
war ihm überhaupt nicht klar.
Von ihm hätt' er nichts vernommen,
sagte er bedrückt-beklommen.
Und so gäbe es auch nur
von Odysseus keine Spur.
Denn in all den großen Wirren
konnte man sich schnell verirren.
Darum riet er bei dem Chaos:
„Fahre hin zu Menelaos!
Denn vielleicht weiß der Bescheid.
Nimm die Kutsche. Nutz die Zeit!"
Dieser Ratschlag war nun klug
und für Telemach genug
Hinweis. Und so brach er auf,
kam nach Sparta kurz darauf
und traf Menelaos an,
diesen kühnen, edlen Mann.
Bei dem König wurd' er schlauer,
wusste alsbald auch genauer,
dass Odysseus offenbar
irgendwo gefangen war –
bei Kalypso, hörte er.
Das verriet nicht irgendwer:

Das war Proteus aus der Grotte,
dieser Sohn von einem Gotte.
Und der Alte, der Betagte,
gab noch mehr preis, als er sagte,
dass Odysseus, wie er wähnte,
sich nach seiner Heimat sehnte.
Zu Penelope, der lieben,
fühlte der sich hingetrieben.
Doch allein in seiner Not
fehlte ihm das rechte Boot,

und Kalypso half ihm nicht,
hatte ihre eigne Sicht
und vor allem kein Erbarmen
mit Odysseus, diesem Armen!

TEIL 2

Heimkehr mit Zwischenstopp

5. Ende der Gefangenschaft

Doch Gott Zeus wurd' angespitzt
von Athene sehr gewitzt.

Denn Odysseus tat ihr Leid,
und sie fand, es wäre Zeit,
ihn aus der Gefangenschaft
zu befrei'n. Mit Leidenschaft
sprach sie zu dem Göttervater
quasi als sein Rechtsberater.

Und der gab der Göttin recht,
denn Odysseus ging es schlecht.
Hermes kam, der Götterbote,
zu Kalypso, und er drohte,
gab ihr deutlich zu verstehen:
Der Odysseus dürfe gehen,
und er sei nicht mehr gefangen!
Dieses würde Zeus verlangen!
O, wie fluchte sie und schmollte,
aufgebracht war sie und grollte,
sprach Odysseus aber an,
lockte ihn erneut als Mann:
Bliebe er bei ihr auf Erden,
könnte er unsterblich werden!
Doch Odysseus widerstand,
wollte heim ins eigne Land,
und Kalypso gab nun nach,
schwenkte um und wurde schwach.
Und sie ließ ihn endlich frei,
half Odysseus gar dabei,
sich ein neues Boot zu bauen,
machte Mut, ihr neu zu trauen.

6. Gefährliche Seereise

Schnell gewann das Boot Kontur,
wurde fertig, und so fuhr
der Odysseus raus aufs Meer.
O, sein Herz war sehnsuchtsschwer,
voller Hoffnung, voller Mut.
Auch die Winde standen gut,
und sie trieben diesen Streiter,
diesen Kämpfer immer weiter.

Nur Poseidon spielte gerne
mit den Muskeln aus der Ferne,
schwang den Dreizack voller Wut
und bewirkte eine Flut,
ließ das Wasser spritzend schäumen
wie in allerschlimmsten Träumen.
Und Odysseus wär' ertrunken,
auf den Meeresgrund gesunken. -
Aber Leukothea[1] nützte
dadurch, dass sie ihn beschützte.
Denn er war in größter Not,
ganz zertrümmert war sein Boot.
Da, ein Tuch, das reichte sie,
er erhielt es irgendwie,
legte es sodann bewusst
um den Körper, um die Brust,
konnte so nicht mehr zerschellen
trotz der Riesenmeereswellen.
Zwar war er der Ohnmacht nah,
doch das Ufer war schon da.
Und mit allerletzter Kraft
hatte er's dorthin geschafft,
nahm das Tuch ab und dem Meer
warf er es gleich hinterher,
sank dann hin und gut beschattet
schlief er ein, total ermattet.
Und Athene hielt die Wacht,
blieb bei ihm für diese Nacht.

[1] Leukothea – Göttin der Flut

7. Als Schiffbrüchiger bei den Phäaken

Am sichern Strande angekommen,
schlief er nun gut und wie benommen.
So lag er da, war insgesamt
entblößt, verschmutzt und ganz verschlammt,
ein Schreckensbild! – Und es geschah,

dass ihn ein junges Mädchen sah.
Die Tochter des Alkinoos
wusch Wäsche mit dem Mädchentross.
Und plötzlich stand in voller Größe
Odysseus vor ihr. Seine Blöße

bedeckte er, war demutsvoll
und sprach zu ihr vom Göttergroll,
der ihn verfolgte und ihn quälte,
worauf er alles ihr erzählte.
Das tat er klug und mit Verstand:
Sein Schicksal sei in ihrer Hand!
Das Mädchen glaubte ihm sofort
und richtete an ihn das Wort,
er soll zum Königshofe gehen,
doch niemand dürft' ihn dabei sehen.

Bevor er ging, wurd' er gebadet,
ihm widerfuhr, was keinem schadet:

Er wurd' geölt und frisch frisiert
und rundherum regeneriert.
Dazu gab's neue Kleidung auch,
er aß sich satt, füllt' sich den Bauch
und war danach und war sodann
wie frisch erblüht: ein edler Mann!
Er wirkte nicht mehr ausgezehrt,
war eher schon begehrenswert.
Denn diese Wandlung, diese Szene
stand unterm Einfluss der Athene.
Nun wagte er, zum Hof zu gehen,
um für sich Hilfe zu erflehen.
Das Mädchen gab ihm außerdem
den Tipp, die Mutter zu beknien.
Denn so was mache sie betroffen,
für Hilfen sei sie dann sehr offen.

8. Freundlicher Empfang

Nun machte sich Odysseus auf
und wenig später, kurz darauf
wurd' er vom Nebel eingehüllt,
der aufkam und die Luft erfüllt.
So wurde er auch nicht gesehen,
war gut getarnt und konnte gehen
bis in des Königs Prachtpalast.
Dort hatte man ihn schnell erfasst,
ergriffen und so stand er schon
vorm Hofstaat und vorm Königsthron.
Dort warf er sich ergeben hin
vor König und der Königin
und bat um Hilfe in der Not.
So dringend bräuchte er ein Boot!
Denn jahrelang war er gefangen,
nun hätte er nur ein Verlangen:
In seine Heimat wolle er,
sein Herz sei wahrlich sehnsuchtsschwer,
denn er sei lange schon vertrieben
von Sohn und Gattin, seinen Lieben.
Und alles, was er jetzt noch habe,
sei ihrer Tochter liebe Gabe.
Sie habe ihn neu eingekleidet,
damit er nicht als Nackter leidet.
So sprach Odysseus. Jeder dachte,
dass so ein Auftritt Eindruck machte.
Mit seinen Worten, so besonnen,
hatt' er des Königs Herz gewonnen
und Hilfe kam nun überreich,

fürstlich beschenkt wurd' er sogleich,
dass er es kaum erfassen konnte
und sich in seinem Glücke sonnte.
Dies alles sah Athene gerne
und blickte lächelnd aus der Ferne.

9. Ein großes Fest für Odysseus

Und kurz darauf beschloss man dann
ein Fest zu geben für den Mann,
den man noch nicht bei Namen kannte,
weil er ihn selber noch nicht nannte.
Doch war er aller Ehren wert,
war stattlich und schien unversehrt
und wirkte keineswegs verzagt.

So hatte man ihm zugesagt,
ein schnelles Boot für ihn zu bauen
mit langen Rudern, starken Tauen,
und eine Mannschaft gab man auch
als Gastgeschenk nach Landesbrauch.
Das war der Grund für eine Feier.
Es spielte auch auf seiner Leier
Demodokos, der größte Sänger,
und er sang lang und immer länger,
erzählte vor der edlen Schar
von dem, was mal gewesen war:
von großen Schlachten, großen Kriegen,
von Helden und von ihren Siegen
und von Odysseus, diesem Recken,
vom Pferd, in dem die Krieger stecken.
Das alles war in diesem Land
dank dieses Sängers gut bekannt.

10. Ein Spottlied über die Götter

Doch ein Lied ganz besonders freute
das Volk und alle Edelleute.
Es zeigte schließlich allen Spöttern
ein Abenteuer unter Göttern.
Denn Ares war im Liebeswahn
von einer Göttin angetan:

von Aphrodite, dieser hehren.
Ihm konnte sie sich nicht erwehren.
Sie liebten sich tagein, tagaus,
wenn sie alleine war'n im Haus.
Doch Helios sah dabei zu
vom Himmel hoch, und schon im Nu
erfuhr Hephaistos als der Gatte,
was sich da zugetragen hatte.
Gehörnt war nun der Gott der Schmiede,
dahin war er, der Götterfriede.
Doch listenreich und ganz geheim,
so zahlte er es beiden heim.
Er schmiedet' eine gold'ne Kette
herum um ihre Liebesstätte
so fein, dass sie nicht sichtbar war
als Falle für das Liebespaar.
Und schon beim nächsten Liebesakt,
da wurden beide gleich gepackt
und war'n im Liebesnest gefangen
und mussten zittern, mussten bangen.
Nun hörte man die Götter streiten.
Da ging es nicht um Kleinigkeiten!
Hephaistos forderte Tribut,
und der war hoch in seiner Wut.
So kam Poseidon mit ins Spiel,
denn Frieden stiften war sein Ziel.
Er gab Hephaistos schließlich nach,
beendete damit den Krach,
denn er beruhigte die Gemüter,
gab dem Gehörnten viele Güter.
Drauf wurd' das Liebespaar befreit
und trennte sich für alle Zeit.

11. Odysseus gibt sich zu erkennen

Nach diesem Festlied, das man hörte
und das die Zuhörer betörte,
da wollt' Odysseus offenbar
erzählen, wer er wirklich war.
Er sei Odysseus, und das schwöre
er öffentlich bei seiner Ehre.
Vor vielen, vielen Jahren schon
hätt' er gekämpft um Trojas Thron
und auch den Sieg mit List errungen.
Dies war ihm meisterhaft gelungen.
Danach wollt' er nach Ithaka,
dorthin, wo seine Gattin war.
Doch in die Heimat zu gelangen,
wurd' ihm verwehrt. Er wurd' gefangen.
Der Götterzorn war nämlich groß
und darum ließ man ihn nicht los.
Erst jetzt, nach vielen langen Jahren,
da kam er frei und durfte fahren
und wäre dennoch fast ertrunken
und mit dem Floß im Meer versunken.
Nur die Phäaken hätten ihn
gerettet, wie es ihm nun schien.
Doch könne er nun viel berichten
von Abenteuern, von Geschichten,
erzählen, was sich zugetragen –
und immer ging's um Kopf und Kragen.
Da wurde still das Publikum,
man blickte auf ihn starr und stumm,
und jeder wollte, das war klar,
erfahren, was geschehen war,

und sich zutiefst erschauern lassen:
Das war der stille Wunsch der Massen.

TEIL 3

Die Abenteuerreise –
Erzählung bei den Phäaken

12. Bei den Kikonen

Und so erzählt' in diesem Kreise
Odysseus nun von seiner Reise,
der Irrfahrt Richtung Ithaka,
die ungemein gefährlich war,
wie sich alsbald schon zeigen sollte,
weil Gott Poseidon mit ihm grollte,
ihm große Schwierigkeiten machte
durch Wind, durch Sturm, den er entfachte.
Odysseus fuhr von Troja los,
zwölf Boote war die Flotte groß,
besetzt mit seinen Männerscharen,
die seine besten Krieger waren.
Er fuhr nach Norden und kam dort
an eine Küste, einen Ort.
Der war bewohnt von den Kikonen,
sie zu berauben sollt' sich lohnen,
das dachte sich Odysseus kühn,
griff dieses Volk an ungestüm
mit seinen Männern, und sie machten
so reiche Beute, dass sie lachten.
Auch junge Frauen nahmen sie
gefangen mit und sehr viel Vieh.
In Feierlaune, fröhlich-heiter
war'n sie und wollten gar nicht weiter,
verweilten dort. Doch niemand ahnte,
obwohl Odysseus etwas schwante,
dass die Kikonen sich noch rächten
und schlimmer, als die meisten dächten.
Denn ihre Stämme über Nacht,
versammelt nun als Übermacht,

erschienen bald mit Schwert und Speer
und bildeten ein starkes Heer.
Odysseus' Männer kämpften zwar,
was ja auch selbstverständlich war,
doch überrumpelt und in Not,
so fanden viele ihren Tod.
Die and'ren kamen noch zurück
zum Schiff im letzten Augenblick

und ließen gleich die Leinen los:
Doch der Verlust war riesengroß!
Sechs Männer war'n von jedem Boot
im Kampf gefallen und nun tot.
So waren sie nach dem Gefecht
auf ihrer Weiterfahrt geschwächt!

13. Bei den Lotophagen

Schon trieben sie die Boote dann
mit hartem Ruderschlag voran.
Gen Süden ging es übers Meer,
doch tosten bald die Winde sehr:
Ungünstig brausten sie und stürmten,
so dass sich Riesenwellen türmten.
Den Kurs zu halten war nun schwer,
sie wussten nur noch ungefähr,
wo ihre Flotte sich befand.
Sie trieb dahin, fernab vom Land,
ein Spielball hoher Meereswellen,
schon drohte sie, drin zu zerschellen...
Da tat sich auf trotz Gischt und Schaum
am Horizont ein Küstensaum.
So kam Odysseus nach neun Tagen
dann schließlich zu den Lotophagen.
Erschöpft, wie seine Männer waren,
verließen sie darauf in Scharen
die Boote, um an Land zu gehen,
sich in der Gegend umzusehen
und sich zu stärken. Das tat gut,
erweckte ihren Lebensmut
und weckte auch den Forscherdrang:
Was gab's zu seh'n im Hinterland?
Das fragten sie sich und entdeckten
die Lotosfrüchte, die gut schmeckten.
Ja, ihr Genuss, der lockte alle
in eine trügerische Falle.
Denn wer die Früchte erst mal aß,
war wie in Trance und er vergaß,

was um ihn alles noch geschah.
Als nun Odysseus dieses sah,
wie ein paar Männer irre lachten,
grotesk-verrückte Dinge machten,
am Boden lagen wie benommen,
da zwang er sie, zum Boot zu kommen,

entkam durch eine schnelle Flucht
der Wirkung dieser Lotosfrucht.
Und kurz entschlossen, kurzerhand
verließ Odysseus dieses Land
und stach in See mit Wagemut,
er nutzte Wind und Meeresflut,
hielt Kurs, trieb so als Wegbereiter
die Flotte Richtung Heimat weiter.

14. Bei dem Zyklopen Polyphem

So fuhren sie bei Nacht, bei Tag
und unentwegt mit Ruderschlag.
Da riefen lauthals schon die Späher,
sie kämen einer Insel näher
und landeten so bei dem Riesen,
dem Ungetüm und superfiesen.

Denn der Zyklop, der Polyphem,
war ekelhaft und unbequem,
ein Auswuchs großer Hässlichkeit,
ein Kraftprotz, wild und kampfbereit.
Einäugig war der Ungezähmte,

so dass sein Anblick einen lähmte.
Odysseus kam in dessen Höhle,
begrüßt von ihm mit viel Gegröle
und wurde kurzerhand gefangen.
Er musste um sein Leben bangen:
Er und zwölf seiner Kameraden,
und vier von ihnen nahmen Schaden!
Denn Polyphem erschlug erst zwei,
fraß sie, als wäre nichts dabei.
Und schon am nächsten Morgen waren
zwei mehr ein Opfer des Barbaren.

Die Not war groß und sie ersannen
sich einen Masterplan zusammen.
Denn tags war Polyphem nicht da.
Das nutzten sie, und so geschah,
dass diese Krieger, die gewitzten,
sich einen harten Pflock anspitzten.
Als Polyphem am Abend kam,
umgarnten sie ihn mit viel Charme.
Sie schenkten ein ihm schweren Wein,
der war so süß und schmeckte fein,
und machten damit den Halunken
total besoffen und betrunken.
Da lag er nun, der Schädel schwer,
und fragt' Odysseus, wer er wär',
worauf der „Niemand" deutlich sagte,
was Polyphem zunächst behagte.
Doch kurz darauf und ungestüm,
da rammten sie dem Ungetüm
den zugespitzten Pflock mit Macht
hinein ins Auge, dass es kracht.
Da schrie der Riese schmerzerfüllt,
hat seine Wut hinausgebrüllt
und an die Nachbarn ausgesendet:
Der ‚Niemand' hätte ihn geblendet.
Als die das hörten, lachten sie,
verwundert war'n sie irgendwie:
Was wollte Polyphem denn sagen?
Das hörte man sie heimlich fragen.
Und keiner kam, ihm beizustehen...
So konnt' Odysseus nun entfliehen:
Am Bauch der Schafe angebunden,
dem Zugriff Polyphems entwunden,

entkamen sie mit Müh und Not
und flüchteten sofort zum Boot.

Von dort, nach diesem Abenteuer,
verhöhnten sie das Ungeheuer
und hatten für ihn nur noch Spott,
für diesen Sohn von einem Gott.
Der fluchte laut und prophezeit':
Sie alle seien totgeweiht
und würden nach des Krieges Wirren
noch lange auf den Meeren irren.

15. Bei dem Windverwalter Aiolos

Wer glaubte dieser Drohung schon –
dem Polyphem war'n sie entfloh'n!
Das zählte nur und Ängste nicht,
stattdessen herrschte Zuversicht.
So kamen sie zum Inselschloss
des Windverwalters Aiolos,
der sie begrüßte und sie stützte
und ihnen bei der Heimfahrt nützte.
Das tat er äußerst wirksam auch,
verschloss hinein in einen Schlauch
den Sturm, den Wind, der widrig war.
Nun blies nur Wind nach Ithaka!
Der brachte zügig sie voran,
schon jubilierte jeder Mann...
Doch kam es anders als gedacht
und alles nur, weil ein Verdacht
sich plötzlich in den Köpfen regte,
weil jeder für sich überlegte,
Odysseus habe in dem Schlauch
versteckt viel Gold und Silber auch.
Von dem Gedanken so verführt,
wurde der Schlauch gleich aufgeschnürt –
und plötzlich konnten sich entfalten
die Kräfte der Naturgewalten.
Poseidon war, wie man ihn kennt,
total in seinem Element
und peitschte auf das ganze Meer.
Das traf Odysseus schicksalsschwer:
Er wurde weithin fortgetrieben
von seiner Heimat, seinen Lieben

und strandete, vom Sturm gehetzt,
erneut bei Aiolos zuletzt.
Doch diesmal wies der kurz und knapp
Odysseus jede Hilfe ab.
Der Götterzorn sei, wie ihm schien,
ganz offensichtlich gegen ihn.
Und wen die Götter so sehr hassen,
der solle ihn sofort verlassen!

16. Bei den Laistrygonen

So fuhr Odysseus mit dem Tross
hinfort von König Aiolos
und stach in See: Wenn er nur wüsste
den sich'ren Weg zur Heimatküste!
Bei Wind und Wetter auf dem Meer
fiel vielen schon das Rudern schwer.
Doch hatten sie trotz dieser Qual
letztendlich keine andre Wahl.
Dann schließlich, nach sechs langen Tagen
sah'n sie ein Felsentor aufragen.
Urplötzlich konnten sie entdecken
die Einfahrt in ein Hafenbecken,
wo sie geschützt war'n und geborgen,
um dort zu ankern bis zum Morgen.
Odysseus blieb indes zurück
und nutzte nun den Augenblick,
die Küste näher zu besehen,
vorm Hafentor an Land zu gehen
und forderte schon kurz darauf
drei Kundschafter zu sich herauf:
Denn eine Burg, nicht weit von ihnen,
vom hellen Sonnenlicht beschienen,
stand sichtbar da. Sie zu umrunden,
am besten näher zu erkunden,
war nun ihr Auftrag. Und sie gingen,
um bis zur Festung vorzudringen.
Dort trafen sie ein Mädchen an,
monströs, als wär's ein Riesenmann,
das sagte nun bei seiner Ehre,
dass es die Königstochter wäre.

Sie und die anderen Personen
gehörten zu den Laistrygonen.
Sie führte sie zum Vater hin
bis in den Prunksaal immerhin.
Da saß der König, voller Grimm,
und was nun stattfand, das war schlimm:
Denn Antiphates, wie er hieß,
ein Riese auch, bösartig, fies,
begrüßte diese Männer zwar,
doch hinterlistig, wie er war,
griff er sich einen Mann. Zum Mahle
fraß er ihn auf als Kannibale.
Das war ein Schock! Die andern beiden
sah'n dabei zu und mussten leiden.
Und augenblicklich, kurz darauf,
da stürmten sie im vollen Lauf
zurück zum Hafen, zu den Booten.
Denn die Gefahren, die nun drohten,
sie waren unermesslich groß:
Es ging ums nackte Leben bloß!
Doch leider folgten ihnen plötzlich
die Riesen, schrien dabei entsetzlich,
erschienen in horrenden Zahlen –
weit über tausend Kannibalen! –
und schwärmten aus bis hin zum Hafen.
Dort sah'n sie viele Männer schlafen:
Sie alle waren insgesamt
verloren nun, zum Tod verdammt.
Denn diese Riesen – unerschrocken –
bewarfen sie mit Felsenbrocken,
zersplitterten die Boote dann
und spießten auf sich jeden Mann.

Odysseus sah dies mit Entsetzen,
zu seinem Boot konnt' er noch hetzen,
das draußen vor dem Hafen lag.
Und schnell mit hartem Ruderschlag
floh er davon. Mit seinem Boot
entkam er so in höchster Not!
Doch der Verlust, der wog schon schwer,

belastete Odysseus sehr,
ließ ihn verzweifelt niederkauern
und um die toten Männer trauern.
Wie war sie klein, die Kriegerschar,
die ihm zuletzt geblieben war!
Wie viele Männer, wie viel Leben,
musst' er, bei Zeus(!), als Opfer geben!?

17. Bei der Zauberin Circe

Das Schicksal nahm nun seinen Lauf,
und wenig später, kurz darauf
erreichten sie den fremden Strand
von einem unbekannten Land.
Dies zu erkunden war nun Pflicht,
am besten noch bei Tageslicht.
Und deshalb schickte gleich von dannen
Odysseus ein paar seiner Mannen.
Sie zogen los bei großer Hitze
mit Eurylochos an der Spitze
und kamen weiter und voran,
entdeckten einen Hof sodann,
auf dem sich Löwen friedlich trollten
und Wölfe mit den Augen rollten.
Das war den Männern nicht geheuer,
sie witterten ein Abenteuer
und sah'n sich um mit allen Sinnen.
Da trafen sie im Hofe drinnen
ein Mädchen, einer Göttin gleich,
mit einer Stimme: butterweich.
Die grüßte sie und lud sie ein
zu leck'rem Essen, edlem Wein
und mischte Kräuter noch dazu –
das war der ganz besond're Clou!
So aßen sie ganz unbeschwert,
doch kaum war alles aufgezehrt,
da änderte sich ihr Gebaren:
Sie wussten nicht mehr, wer sie waren!
Dann kam die schöne Frau, die gute,
berührte sie mit einer Rute,

und jeder Mann wurd' ganz gemein
verwandelt in ein Borstenschwein
und wurde gleich hineingeschoben
in einen alten Schweinekoben.
Nur Eurylochos widerstand,
weil er das Essen eklig fand
und dieser schönen Frau misstraute:
Was musst' er seh'n! Oh, wie ihm graute!

Und augenblicklich, still und stumm
floh er zurück und kehrte um
und lief und lief ... und ohne Halt
erreichte er Odysseus bald
und drückte aus in kurzen Sätzen,
was er erlebt hat: sein Entsetzen.

18. Circe, die Verführerin

Odysseus musste das missfallen,
und er begann, die Faust zu ballen,
nahm seine Rüstung, nahm sein Schwert –
in solchem Falle nie verkehrt –
und ging den gleichen Weg zurück.
Da traf er Hermes. Das war Glück!
Denn dieser kannte sehr genau
die Zauberkraft der schönen Frau.
Sie heiße Circe und verführe,
indem sie Kräuter unterrühre
hinein ins Essen, und sogleich
verübe sie den Zauberstreich.
Ein Mittel wirke gut dagegen,
ein Kraut, das wolle er ihm geben
und guten Ratschlag noch dazu.
Und schon war Hermes fort im Nu.
Da fühlte sich Odysseus gut,
war zuversichtlich, und mit Mut
kam er am Hof der Circe an.
Und die becircte diesen Mann!
Sie lud ihn gleich zum Essen ein,
kredenzte, wie gehabt, auch Wein.
Doch als mit Lächeln und mit Charme
sie kurz danach die Rute nahm,
da wirkte die Berührung nicht.
Verwundert blickte ihr Gesicht.
Doch plötzlich war ihr sonnenklar,
dass Hermes der Verräter war.
Nun machte sie das Beste draus,
nahm den Odysseus mit ins Haus

und fand ihn plötzlich attraktiv,
erkannte sie intuitiv.
Sie lud ihn ein zum Liebesspiel...
Das allerdings war ihm zu viel.
Erst müsst' sie schwören, diese Wilde,
sie führe Böses nicht im Schilde
und seine Männer auch befrei'n
von der Gestalt als Borstenschwein.

Und seine Wünsche wurden wahr,
schon waren sie ein Liebespaar
und haben Tag für Tag genossen... –
Dann war auch schon ein Jahr verflossen,
und seine Männer wollten gerne
in ihre Heimat in der Ferne.
So gab Odysseus das Versprechen,
alsbald erneut in See zu stechen.

19. Beim Tor zum Totenreich

Von dieser Absicht hörte Circe,
und mit dem Zipfel ihrer Schürze
entfernte sie sich eine Träne,
fuhr mit der Hand durch ihre Mähne
und gab Odysseus schließlich frei,
war gar verständnisvoll dabei.
Doch ließ sie ihn nicht einfach gehen,
gab ihm stattdessen zu verstehen,
er müsste noch die Toten ehren,
das könnte er ihr nicht verwehren,
und deshalb mit den Männerscharen
zum Tor des Totenreiches fahren.
Drum gab sie ihm den Wegeplan:
Der war allein der helle Wahn!
Den steckte sie ihm einfach zu.
Und wenig später und im Nu,
da segelte er von ihr fort
zum Totenreich, dem Schreckensort.
Dort traf er Teiresias an,
den Seher, den berühmten Mann.
Der war noch immer ein Prophet –
erstaunlich, wie so etwas geht –
und prophezeite klipp und klar,
wie des Odysseus' Schicksal war.
Er trank dabei vom Opferblut
und fühlte sich hernach sehr gut.
Schon warnte er den edlen Recken,

benannte ihm Gefahrenstrecken,
hob auch hervor Poseidons Zorn:
Der nähme ihn gezielt aufs Korn!
Dann sollte er Thrinakia
erreichen, denn das läge nah,
im Schutz der Insel, ihrer Mauern
den Sturm Poseidons überdauern.
Doch warnte er ihn noch davor –
ausdrücklich hob er das hervor! –,
die Tiere dort dem Tod zu weihen,

das könnte Helios nicht verzeihen.
Der machte ihnen den Garaus
und keiner käme mehr nach Haus.
Nach dieser Warnung ging er fort
ins Schattenreich, der Toten Hort.
Doch plötzlich tauchten andre auf,
sie drängten vor, kamen zuhauf,
die Seelen all der toten Krieger,
der edlen Recken, edlen Sieger.

Odysseus war gerührt zu Tränen,
erschüttert auch, muss man erwähnen,
besonders als die Mutter kam,
er ihre Stimme gar vernahm,
da hätte er sie ganz beklommen
am liebsten in den Arm genommen.
Doch schattenhaft, wie Seelen sind,
entwand sie sich ihm wie der Wind
und tauchte ab im Erebos,
der seine Pforten wieder schloss.
Da kehrt' Odysseus wieder um,
zutiefst bedrückt und still und stumm
und kam nach Tagen irgendwann
bei Circe wohlbehalten an.

20. Reisetipps und Warnungen

Nun lud sie alle Männer ein
zum großen Essen mit viel Wein.
Sie sollten noch mal kräftig speisen,
bevor sie in die Heimat reisen.
Odysseus kam das sehr zugute.
Vor allem bei der Reiseroute,
da warnte Circe ihn konkret
und – wie sich zeigte – nicht zu spät
vor den Sirenen, diesen Damen,
die einen so gefangen nahmen
mit ihren sphärischen Gesängen,
die einfach überirdisch klängen.
Drum riet sie dringend, mit Wachspfropfen
die Ohr'n der Männer zu verstopfen.
Odysseus müsst' sich fesseln lassen,
wollt' er die Klänge nicht verpassen.
So könnte er am Leibe spüren,
wie die Sirenen ihn verführen.
Doch lauerten noch mehr Gefahren.
Das wollt' ihm Circe offenbaren.
Sie sprach von einer Felsenwand,
in der die Skylla sich befand,
ein Ungeheuer, weit entrückt,
erfüllt von Fressgier wie verrückt
und mit sechs Köpfen raubtierhaft,
sie zu passieren niemand schafft!
Denn diese ungeheuren Köpfe
verschlängen einfach sechs Geschöpfe,
sie rissen sie in ihr Verderben –
und Glück wär's, wenn nicht mehr noch sterben.

Doch gegenüber in der Bucht
in einer tiefen Meeresschlucht
da wär' Charybdis. Regelmäßig
wär diese ebenfalls gefräßig,
verschlang dabei die Wassermassen –
und Riesenmengen konnt' sie fassen!
Dreimal am Tage tat sie das,
das war brutal und wirklich krass.
Und so ein tiefes Wasserbeben,
das konnte niemand überleben.
So sog sie ein, spie wieder aus
und machte jedem den Garaus,
der ihrem Strom zu nahe kam,
so dass sie ihm das Leben nahm.
Doch käm' Odysseus auf der Flucht
durch die Gefahren dieser Bucht,
dann wären für ihn alsbald da
die Inseln der Thrinakia.
Da sollt' er rasten, sollt' er ruh'n,
vor allem Helios' Tier'n nichts tun.
Denn diese wären ohne Witz
ein unantastbarer Besitz.
Und wer sie tötet, wer sie schlachtet,
der wird von Helios verachtet,
verspürte dann des Gottes Wut
und zahlte mit dem eignen Blut.
Schon bald danach, von diesem Fleck
da zauberte sich Circe weg,
verschwand, befreit von Erdenschwere,
sogleich im Dunst der Atmosphäre.

21. Weiterfahrt mit tödlichen Gefahren

Deswegen brach Odysseus auf
und näherte sich kurz darauf
so süßer Klänge. Und sein Sehnen
galt dem Gesang der drei Sirenen.

Doch angebunden fest am Mast,
getrieben von der Männer Hast,
kam so Odysseus da vorbei
und war von der Verführung frei.

Sie fuhren weiter auf dem Meer,
der Wind trieb sie so vor sich her.
Dann nahten sie dem düstern Ort
der Skylla, und die schnappt' sofort
raffgierig von des Schiffes Deck
sich sechs der besten Männer weg!

Das wusst' Odysseus leider schon,
er kannte ja die Kondition
und segelte tollkühn voran,
schon war er an Charybdis dran

und fürchtete auf seiner Flucht
den starken Sog der Meeresschlucht.
Doch hielt Charybdis sich zurück,
so hatte der Odysseus Glück
und landet', eh' er sich versah,
am Strande von Thrinakia.
Dort blieben sie für ein paar Wochen
und hatten sich vorm Sturm verkrochen,
den Gott Poseidon inszenierte
und so die Weiterfahrt blockierte.
Sie harrten aus, war'n still ergeben,
und anfangs reichte auch zum Leben
der Proviant. Der war schon gut,
erfüllte sie mit Lebensmut.
Doch irgendwann war er verbraucht,
und hungrig war'n sie, ausgelaugt...
Da ließen sie sich nicht mehr zügeln:
Die Männer stürmten zu den Hügeln,
dorthin, wo Helios' Tiere standen,
das beste Schlachtvieh, wie sie fanden,
und schlugen sich die Bäuche voll.
Das sah Odysseus sorgenvoll.
Er ahnte schon, was folgen sollte,
weil Helios übellaunig grollte
und sich an seinen Männern rächte
und schlimmer noch, als jeder dächte!
Denn bei der Weiterfahrt, da tut
sich auf die allerschlimmste Flut.
Die Wellen peitschen und zerschmettern
Odysseus' Boot mit allen Brettern:
Zersplittert war's, vom Sturm getroffen,
und alle Männer war'n ersoffen.

Nur der Odysseus überlebte,
weil er an einer Planke klebte.
Die trieb ihn weithin übers Meer.
Das Schicksal schlug ihn wirklich schwer.
Zehn lange Tage musst' er bangen,
dann strandet' er und wurd' gefangen.
Dort hielt Kalypso ihn nun fest:
ein siebenjähriger Arrest,
der den Odysseus schließlich quälte,
wie er vorm Publikum erzählte,
vor den Phäaken und dem Tross
vom Hofstaat des Alkinoos.

TEIL 4

Heimkehr nach Ithaka

22. Die Verwandlung

Inzwischen war viel Zeit vergangen.
Odysseus spürte sein Verlangen
und wünschte sich nun allzu sehr
die Heimfahrt übers weite Meer.
Schon wenig später wurd' gepackt,
all die Geschenke eingesackt
und auf Odysseus' Boot verstaut –
das war ja nur für ihn gebaut.
Nun brach er auf und schied von dannen,
war in Begleitung starker Mannen,
die an den Rudern kräftig zogen,
so dass sie übers Wasser flogen.
Schon bei der Abfahrt aus dem Hafen,
da legte sich Odysseus schlafen
und merkte nun auf diese Weise
letztendlich gar nichts von der Reise.
So kam es: Schneller als gedacht
war er nach Ithaka gebracht.
Er landete an einem Strand,
der schien ihm völlig unbekannt.
Drum glaubte er, er sei belogen,
von den Phäaken schlimm betrogen.
Die ruderten schon von ihm fort,
beließen ihn am Strande dort.
Und während er verzweifelt blickte,
da griff Athene ein und schickte
ihm unversehens einen Hirten,
gewissermaßen als Gefährten.
Der grüßte ihn und sagte da:
„Willkommen hier auf Ithaka!"

Und augenblicklich wurd' ihm klar,
dass er nun in der Heimat war.
Wie hellte sich da auf sein Blick,
beseelt war er, erfüllt von Glück.
Doch warnte ihn der Hirte nun,
es gäbe viel für ihn zu tun!
Denn hinter seines Hofes Mauern,
da würden viele Freier lauern.
Die wären frech und rüpelhaft,
anmaßend auch und ekelhaft:
Die trachteten ihm nach dem Leben!
Und deshalb müsst' er Vorsicht üben,
sich vor den Freiern, den Gesellen,
nach außen hin total verstellen.
So wäre er dann gut getarnt
und niemand wäre vorgewarnt.
Das riet der Hirte, so, als wäre
er die Athene, diese hehre.
Sie war es schließlich, die dann handelt,
ihn altern lässt und ihn verwandelt:
Mit schlaffen Gliedern, grauem Haar,
mit glanzlos müdem Augenpaar,
da wirkt' er plötzlich greisenhaft,
verschmutzt, zerschlissen, ohne Kraft.
Nun sollt' er fort zum Schweinehirten,
der würde ihn sehr gut bewirten
und ihn vorerst vor Feinden schützen,
ihm helfen und ihm dadurch nützen.
Denn dieser Schweinehirt sei eben
ihm all die Jahre treu geblieben.

23. Beim treuen Schweinehirten

Odysseus folgte diesem Rat.
Und wenig später schon betrat
er Haus und Hof des Schweinehirten
und bat darum, ihn zu bewirten.
Das tat der Schweinehirt sofort,
hieß ihn willkommen hier am Ort

und nahm sich so des Bettlers an,
als wäre der ein Edelmann.
Denn unter Zeus in seinem Reich,
da seien alle Menschen gleich
und deshalb sei es bei ihm Sitte
zu helfen, wenn man ihn drum bitte.
Zu Tische bat er, lud ihn ein,
er reichte ihm den Becher Wein
und zeigte sich mit sehr viel Herz,
gestand jedoch auch seinen Schmerz.
Denn seine Insel sei in Not.
Vermutlich sei sein König tot,
der edle Recke, den er ehre,
dem er auf ewig Treue schwöre.
Und dass der eine Rückkehr schafft,
sei für ihn mehr als zweifelhaft.
Und deshalb sei er voller Trauer.
Sodann verriet er noch genauer,
was so am Königshof passiert,
wie dort die Freier ungeniert
die Güter unverschämt verprassen,
beständig sich bedienen lassen
und die Penelope bedrängen
mit wüsten Feiern und Gesängen.
So klagt' der gute Hirte offen.
Da war Odysseus tief getroffen,
und Rache schwor er allen diesen
vermaledeiten, üblen, miesen
Gesellen, die auf Freiers Füßen
das Leben dort am Hof genießen.
Das schwor er sich, doch schwieg sein Mund,
und wer er sei, tat er nicht kund.

Doch sagte er mit Zuversicht
dem Schweinehirten ins Gesicht,
Odysseus würde bald schon kommen,
das habe er genau vernommen.
Er käme noch in diesem Jahr.
Bei Zeus! Das wäre wirklich wahr!
Und allen Freiern droht' hernach
das allergrößte Ungemach.
Schon kurz danach und schon im Nu,
da legten sie sich still zur Ruh.
Odysseus fühlte sich geborgen
und freute sich schon auf den Morgen.

TEIL 5

Odysseus' Rache

24. Telemachos' Heimkehr

Zur gleichen Zeit in dieser Nacht
im fernen Sparta, da erwacht
der Telemach, und ihm erscheint
Athene wie im Traum und meint,
er müsse dringend heimwärts fahren,
und weist ihn hin auf die Gefahren.
Denn vor der Küste Ithakas
versteh'n die Freier keinen Spaß.
Sie lauern dort in wilden Horden
und woll'n ihn fangen und ermorden.
Drum gibt sie für den Heimattrip
Odysseus' Sohn den heißen Tipp,
geschickt den Freiern auszuweichen
und heimlich an den Strand zu schleichen,
dort, wo der Schweinehirte wohnt –
ein Umweg, der sich für ihn lohnt.
Und so gewarnt, brach Telemach
aus Sparta auf. Und tausendfach
dankt' er dem Menelaos nun,
doch wollte er nicht länger ruh'n,
er müsste alsogleich nach Hause,
dies ohne Zeitverzug und Pause.
Zum Aufbruch gab er den Befehl
nach Ithaka, das war sein Ziel,
fuhr erst nach Pylos, und sofort
ging er zum Schiff und ging an Bord.
Und da die Winde günstig standen,
konnt' er schon bald am Strande landen
und war dem Schweinehirten nah
in seiner Heimat Ithaka.

Doch ohne dass er etwas ahnte,
ihm das Geringste auch nur schwante,
so sollte es schon bald geschehen
und Telemach vorm Vater stehen:
nach zwanzig Jahr'n zum ersten Mal –
für einen Sohn nicht optimal!
Indes der Mordplan all der Freier,
die hinterrücks wie böse Geier
den Telemach ermorden wollten,
war nun gescheitert. Und sie grollten
und fluchten lauthals ohne Ende...
Athene rieb sich drauf die Hände
und feixte wahrlich und frohlockte,
weil sie den feigen Mordplan blockte.

25. Freudvolle Begegnung

Vom Strand ging Telemach sofort
zum Schweinehirten, traf dann dort
den Vater an. Der war ihm fremd,
so abgetakelt, ungekämmt.
Ein schnöder Bettler offenbar,
der für ihn nichts Besond'res war.
Nun ging der Schweinehirte weg:
Das hatte nur den einen Zweck,
Penelope zu alarmieren,
sie außerdem zu informieren,
der Telemach sei mit viel Glück
auf Ithaka gesund zurück.
Doch niemand dürfte davon wissen,
weil all die Freier sehr gerissen
nach Telemachos' Leben trachten
und ihn am liebsten meuchlings schlachten.
Bei allem, was nun folgen sollte,
war es Athene, die das wollte,
die sehr geschickt die Fäden zog,
unsichtbar durch die Lüfte flog
und auf Odysseus Einfluss nahm,
ihn zu sich rief und zu ihm kam,
die ihn bei seiner Rache stützte,
bei allem, was er tat, beschützte.
Nun half sie ihm und riet ihm eben,
er sollt' sich zu erkennen geben.
Und schon im nächsten Augenblick,
da drehte sie das Rad zurück,
verwandelte Odysseus schnell
in einen Helden, strahlend-hell,

der so vor Telemachos kam,
der ihn dann in die Arme nahm
und ihm gestand, ja, das erbat er,
er sei der lang ersehnte Vater!
Da flossen viele, viele Tränen,
und niemand musste sich drum schämen.
Denn Vater, Sohn war'n nun verbunden
und hatten endlich sich gefunden.

Schon war die Zeit zu überlegen,
wie sie agieren sollten gegen
die Freier, die sich drin gefielen,
nach der Penelope zu schielen,
die sie bedrängten, sie begehrten,
zugleich von ihren Gütern zehrten.
Sie sollten büßen mit dem Leben –
Odysseus konnte nichts vergeben!
Das schwor er sich und seinem Sohn:
Er wolle kämpfen um sein 'n Thron,
die zügellosen Freier kriegen
und sie im Manneskampf besiegen.
Ein Plan, der sehr viel Beifall fand,
weil die Athene zu ihm stand
und ihm mit ihrer Gottesgröße
viel Kraft verlieh und keine Blöße.

26. Rückkehr im Bettlergewand

Nun wollten sich die zwei beeilen,
beim Schweinehirten nicht verweilen.
Sie zogen allerdings getrennt,
damit sie niemand gar erkennt.
So ging der Telemach voran,
kam beim Palast schon zeitig an,
ging zu der Mutter und er nahm
sie inniglich in seinen Arm,
erzählte ihr von seiner Reise.
Nur eins verschwieg er klug und weise:
Er sagte nicht, Odysseus sei
zurückgekehrt und sei nun frei.
Hernach, da promenierte er
galant im Hofe hin und her,
besah die vielen Freier nüchtern
und wirkte überhaupt nicht schüchtern.
Odysseus kam schon bald danach,
getarnt als Bettler, doch hellwach
und handelte nach dem Gebot:
Agiere unterwürfig und devot.
Geh hin zum eigenen Palast,
schau dich dort um, mach Mittagsrast
und komm den Freiern somit näher
als Bettler und zugleich als Späher.
Und das gelang ihm wirklich gut:
Er bettelte mit ruhigem Blut
und provozierte klug und witzig
Antinoos. Der wurde hitzig,
der Führer dieser vielen Freier,
der übelste all dieser Geier,

und der verlor die Contenance,
geriet total aus der Balance
und schleuderte mit aller Macht
den Schemel nach ihm unbedacht,
traf den Odysseus – und der wusste,
wer nun als erstes büßen musste.
Doch vorerst hielt er sich zurück,
nur großen Zorn verriet sein Blick,
verzog sich still in eine Ecke
incognito als edler Recke.
So nahm er all die Freier wahr,
so dass er nun im Bilde war.
Denn jeden würde er vernichten
und schon in Kürze grausam richten.

27. Kampf mit dem Bettler

Odysseus musste achtsam sein.
Noch wahrte er den äuß'ren Schein,
dass er am Hof ein Bettler war,
ein Hungerleider offenbar.
Doch meldete sich vehement
alsbald ein böser Konkurrent:
Arnäos, der vulgäre Schwätzer,
ein Bettler auch und übler Hetzer,
der fand Odysseus provokant
und wünschte, dass man ihn verbannt.
So lästerte er unentwegt,
beschimpft' Odysseus sehr erregt
und forderte ihn auf zum Kampf,
Mann gegen Mann, und machte Dampf
und glaubte sich weit überlegen
mit seiner Kraft und seinen Schlägen.
Da fand Odysseus nichts dabei
und machte seinen Körper frei,
wobei er mit den Muskeln spielte
und große Wirkung prompt erzielte.
So kam's, dass sie die Fäuste schwangen
und kraftvoll miteinander rangen.
Das war schon arg spektakulär
und freute alle Freier sehr.
Odysseus war vorm Kampf nicht bange,
er fackelte auch gar nicht lange
und schlug mit seiner Rechten zu,
zerschmetterte das Kinn im Nu
und ließ Arnäos schmerzvoll stöhnen
und ließ ihn winseln, ihn verhöhnen.

Dann zerrte er ihn aus der Runde
und überließ ihn seiner Wunde,
zog sich auf seinen Platz zurück,
behielt die Freier so im Blick,
und mancher Freier meinte echt:
Odysseus wär ein guter Knecht!
Das hörte der mit großem Grimm
und fühlte sich bestärkt darin,
sich an den Freiern bald zu rächen
und einen jeden zu erstechen.

28. Penelope erscheint vor den Freiern

Doch noch war es zu früh dafür. –
Da öffnete sich eine Tür
und es erschien Penelope,
anmutig schön wie eine Fee.

EliteSingle
Partner mit Niveau

Die Freier rührten sich, verzehrten
sich nach der Schönen, der Begehrten,
und die ließ alle Freier hoffen,
ließ die Entscheidung aber offen

und gab dann ehrlich zu verstehen,
sie würde gern Geschenke sehen.
Das sei so Sitte, sagte sie.
Und es passierte irgendwie,
dass diese Freier, die sonst prassen,
ihr wahre Schätze bringen lassen.
So reich beschenkt ging sie dann fort
und sagte immer noch kein Wort.
Drum rief Antinoos sehr laut,
es sei nun Zeit für sie als Braut,
sich einen Freier zu erwählen,
mit Warterei sie nicht zu quälen,
es wär nicht länger zu vermeiden:
Sie solle endlich sich entscheiden!!!
Odysseus hört's und insgeheim
macht er sich seinen eignen Reim
und wusste, allen in der Runde
würd' schlagen bald die letzte Stunde.

29. Das Bogenschießen und die Rache

So spitzten sich die Dinge zu
im Handumdrehen. Und im Nu
kam es am Schluss mit einem Male
zum Bogenschießen als Finale.
Das forderte Penelope,
damit sie klar und deutlich säh,
wer einen Bogen spannen kann:
Wer's schafft, den nähme sie zum Mann.
Zwölf Schäfte müsst' der Pfeil durchbohren.
Und wer's nicht schafft, der hätt' verloren.
Denn diese Leistung einst erbrachte
Odysseus, und damit entfachte
er ihre Liebesglut zu ihm.
Zu fordern dies war legitim!
Kurzum, das war ein klares Ziel,
das allen Freiern sehr gefiel.
Und jeder griff nach Pfeil und Bogen
und spannte ihn. Doch ungelogen:
Es wollte niemandem gelingen.
Vergeblich war das Kräfteringen.
Es zeigte sich so nach und nach
ein jeder Freier als zu schwach.
Und auch Antinoos passierte,
dass er sich öffentlich blamierte.
Da griff Odysseus kurz entschlossen
sich seinen Bogen unverdrossen,
befühlte sehr genau die Sehne,
ob sie sich so wie früher dehne.
Das prüfte er für sich genau.
Dann dachte er an seine Frau

und hat sich einen Pfeil gezogen.
Er spannte kraftvoll seinen Bogen
und schoss den Pfeil voller Macht,
dass er durch alle Schäfte kracht.
Da wurd' es still und alle raunten
Odysseus' Namen nur und staunten.
Sie sahen sich im Kreise um,
und jeder Freier wurde stumm.
Denn plötzlich, in Sekundenschnelle
kam Telemach und war zur Stelle,

stand mit dem Schwert da, kampfbereit,
schon war Odysseus auch soweit.
Und nun geschah die große Rache,

ja, grausam war die ganze Sache.
Denn in dem lauten Kampfgetümmel
erstach Odysseus jeden Lümmel:
Den Freiern konnt' er nicht vergeben.
Nicht einen ließ er mehr am Leben!
Sie alle war'n verdammt zu sterben
und stürzten nun in ihr Verderben.

30. Glückliches Ende

Doch das Gemetzel nur gelang,
weil die Athene zu ihm stand.
Sie fand den Kampf mehr als gerecht,
ein edelmütiges Gefecht.
Floss auch dabei viel junges Blut –
aus ihrer Sicht war alles gut.

So kam es nun, was jeder kennt,
zu einem echten Happyend.
Penelope mit ihrem Charme
lag in Odysseus' starkem Arm,
und beide strahlten sich nun an
erneut vereint als Frau und Mann.
Odysseus war auch wieder da
auf seinem Hof auf Ithaka
und wurde gar zu guter Letzt
als König wieder eingesetzt.
So endete die Odyssee
auch glücklich für Penelope...

Gott Zeus sah dies mit Heiterkeit.
Am Ende wurd' der Götter Streit
auch beigelegt. Und so entschieden
trat ein der langersehnte Frieden.

Epilog

I.   Das Werk Homers ist beispielhaft,
entfaltet große Prägekraft
und fesselte in früher Zeit
die alten Griechen weit und breit.
Sie lauschten alle andachtsvoll,
erfuhren so vom Göttergroll,
von Kriegen und von Schicksalsschlägen,
von kühnen Männern, die verwegen
dem Kampf sich stellten und ihn suchten
und manchen Sieg für sich verbuchten.
Die Menschen liebten die Geschichten,
war'n fasziniert von den Gedichten.

II.   Und auch die Römer, die dann kamen,
als Macht die Führung übernahmen,
war'n stark beeindruckt von dem Werke
und anerkannten seine Stärke.
Besonders einer hielt sehr viel
von dem Homer: Das war Vergil.
Homer war für ihn vorbildhaft,
war sprachlich stark, voll Leidenschaft,
und kulturell als Lesequelle
Inspiration auf alle Fälle.

III.   Auch späterhin, im Mittelalter
gab es genügend Textverwalter:
Kopisten, die Homer abschrieben,
von dem Gedanken angetrieben,

die alten Werke, wie sie waren,
für ihre Nachwelt zu bewahren:
auf Pergament, auf alten Rollen.
So gingen sie dann nicht verschollen.

IV. Die frühe griechische Kultur
erlebte eine Konjunktur
dann erst im 15. Jahrhundert,
als man erneut Homer bewundert.
Die Zeit der Renaissance, die fand
die alte Griechen-Kunst brillant.

V. So schwärmte man für den Homer.
Viel später war's, dass irgendwer
das große Epos neu entdeckte,
zu neuem Leben es erweckte.
Der Bentley[1] und der Wood[1] erschlossen
das Werk Homers dann unverdrossen:
zwei Engländer mit Forscherdrang
und Sprachgenies von hohem Rang,
die beide auf Homer verwiesen
und seine Kunst aufs Höchste priesen.
Sensationell war das und trug
dann schließlich bei zum Siegeszug,
bereicherte die Lit'ratur,
ein Glücksfall, der ihr widerfuhr.
Wegweisend sind somit seither
die großen Epen von Homer!

---

[1] Richard Bentley (1662-1742); Robert Wood (1717-1771)

VI.   Sie zeigen plastisch, wie der Held
      einstmals zurechtkam in der Welt:
      Mit seiner Haltung als Figur
      gewann Odysseus an Statur
      als Mann, der listenreich und klug
      sich gegen große Götter schlug,
      sich gegen Schicksalsmächte stemmte,
      die Fessel sprengte, die ihn hemmte.
      Als Menschentyp sei er modern
      behaupten Philosophen gern.
      Zwei waren es, zwei hohen Ranges:
      Adorno, Horkheimer gelang es,
      Odysseus hochzustilisieren,
      charakterlich zu definieren,
      der sich in der Identität
      als wandlungsreicher Mensch versteht.
      Odysseus sei für sie daher
      bestechend revolutionär!
      Ein neuer Blick als Resümee
      auf diesen Held der Odyssee.